Joy Evans / Jo Ellen Moore

# Vom eigenen Bild zum einfachen Text

## Kopiervorlagen in drei Differenzierungsstufen zur Förderung der Schreibmotivation

### 1. / 2. Klasse

Persen Verlag GmbH

Originaltitel: Joy Evans / Jo Ellen Moore: Draw Then Write:
Use Drawing to Motivate Writing. Evan-Moor Corp., USA

Gedruckt auf umweltbewusst gefertigtem, chlorfrei gebleichtem
und alterungsbeständigem Papier.

1. Auflage 2006
Nach den seit 2006 amtlich gültigen Regelungen der Rechtschreibung


Illustrationen: Jo Larsen
Satz: MouseDesign Medien AG, Zeven

ISBN 978-3-8344-**3731**-0

www.persen.de

# Inhalt

# Hinweise zur Benutzung

Die 30 Zeichenthemen in diesem Buch werden in jeweils drei verschiedenen Schwierigkeitsstufen dargeboten, sodass Sie die Übungen an die Fähigkeiten der Kinder anpassen können: Entweder behandeln Sie mit den Kindern zu einem Thema alle drei Stufen oder Sie wählen den am besten geeigneten Vorschlag aus.

Wenn die Kinder schon etwas Erfahrung mit dem Stundenschema gemacht haben, eignen sich die Kopiervorlagen ideal zum selbstständigen Arbeiten.

## Leichte Stufe – Ergänze vorgegebene Sätze

Die Kinder fertigen in drei Arbeitsschritten eine Zeichnung an. Sie können Sie dabei mithilfe einer Overheadfolie oder mit Tafelzeichnungen anleiten. Das Wort im Rahmen kann nachgespurt werden. Anschließend wählen die Kinder Wörter aus dem Wortmaterial unter dem Rahmen aus und ergänzen mit ihnen drei Sätze zum Zeichenthema.

## Mittelschwere Stufe – Schreibe einzelne Sätze

Die Kinder fertigen in drei Arbeitsschritten eine Zeichnung an. Dann beantworten sie stichwortartig die Wer-, Was-, Wann- und Warum-Fragen zur Zeichnung. Schließlich verwenden sie ihre Antworten für einen interessanten Satz über ihr Bild. Dazu können Sie vorher mit der ganzen Klasse Ideen sammeln und Stichpunkte an der Tafel notieren.

## Schwere Stufe – Schreibe einen Text

Die Kinder bekommen zunächst eine Zeichenaufgabe. Einer kurzen Themenvorgabe folgend, verfassen sie einen Textabschnitt über ihre Zeichnung. Kinder, die gut im Schreiben sind, können diesen Textabschnitt zu einer originellen Geschichte erweitern.

# Zeichne und schreibe.

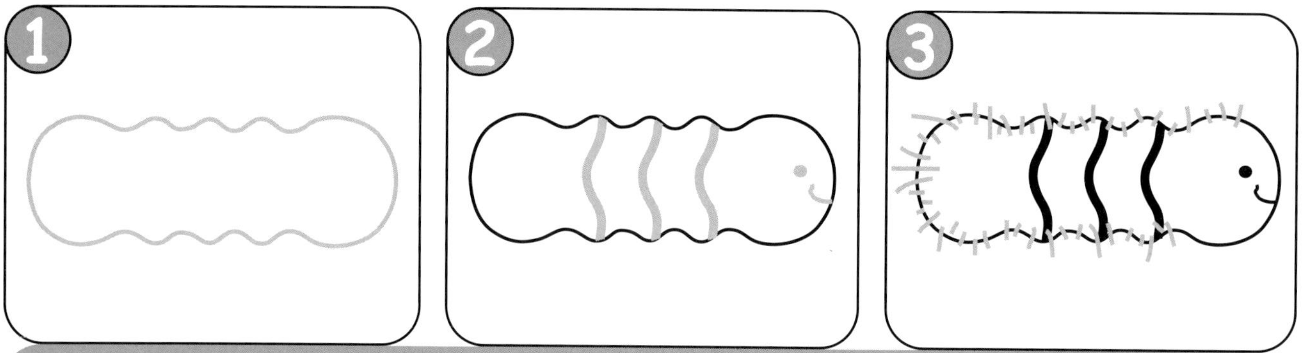


eine Raupe

| | | | |
|---|---|---|---|
| kriecht | Schmetterling | Blätter | klettert |
| geht | Blumen | Pflanzen | Nachtfalter |

Eine Raupe ______________________ auf kleinen Füßen.

Eine Raupe frisst ______________________ .

Eines Tages verwandelt sie sich in einen ______________________ .

# Zeichne eine Raupe.

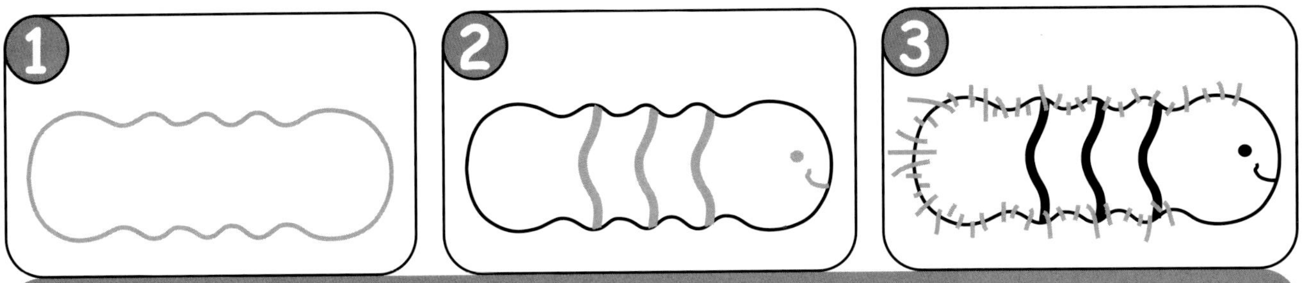

# Schreibe etwas über die Raupe.

Wer oder was? ______________________________

Tut was? ______________________________

Wo? ______________________________

Wann? ______________________________

Warum? ______________________________

Schreibe einen Satz: ______________________________

______________________________

______________________________

# Zeichne einen Vogel.

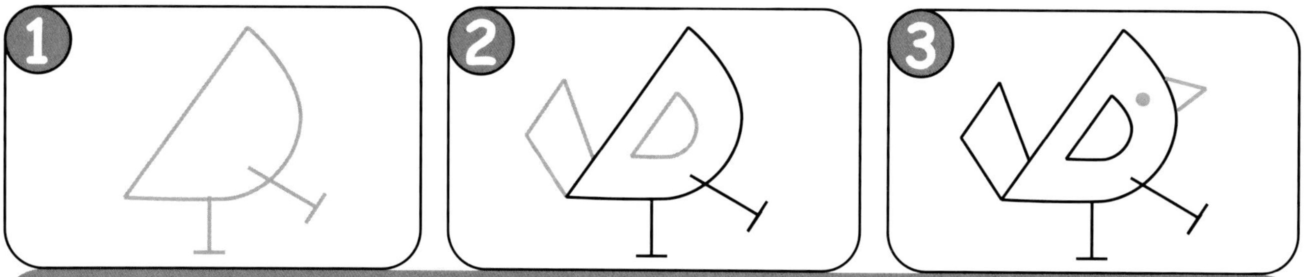


# Schreibe etwas über den Vogel.

Wer oder was? ______________________________

Tut was? ______________________________

Wo? ______________________________

Wann? ______________________________

Warum? ______________________________

Schreibe einen Satz: ______________________________

______________________________

______________________________

# Zeichne

Zeichne einen Vogel, der auf einem Ast sein Nest baut:

# Schreibe

Erkläre, warum der Vogel ein Nest baut:

# Zeichne und schreibe.

eine Maus

| | | | |
|---|---|---|---|
| Ohren | Schnurrhaare | rennen | Samen |
| Schwanz | sich verstecken | Käse | springen |

Eine Maus hat ________________ und ________________ .

Eine Maus frisst gerne ________________________________ .

Eine Maus kann ________________ und ________________ .

# Zeichne eine Maus.

# Schreibe etwas über die Maus.

Wer oder was? ______________________________

Tut was? ______________________________

Wo? ______________________________

Wann? ______________________________

Warum? ______________________________

Schreibe einen Satz: ______________________________

______________________________

______________________________

# Zeichne

Zeichne eine braune Maus mit ihrem Abendessen:

# Schreibe

Erkläre, was die Maus frisst und woher sie das Futter hat:

# Zeichne und schreibe.

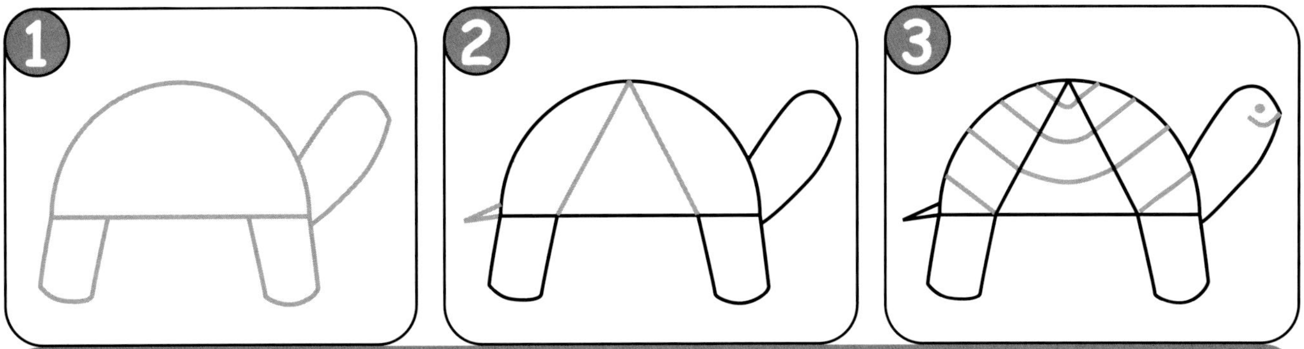


eine Schildkröte

| | | | |
|---|---|---|---|
| hart | sich verstecken | langsam | grün |
| Panzer | Pflanzen | Obst | braun |

Die Schildkröte hat einen ______________________ auf dem Rücken.

Die Schildkröte knabbert gern an ______________________ .

Die Schildkröte bewegt sich sehr ______________________ .

# Zeichne eine Schildkröte.

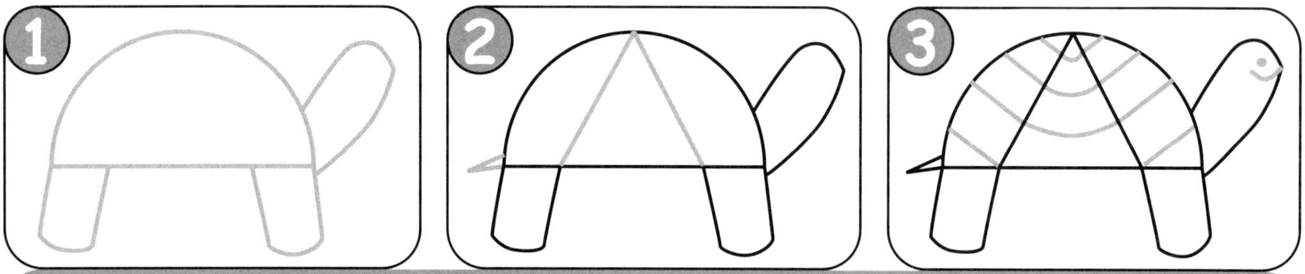


# Schreibe etwas über die Schildkröte.

Wer oder was? ____________________

Tut was? ____________________

Wo? ____________________

Wann? ____________________

Warum? ____________________

Schreibe einen Satz: ____________________

# Zeichne

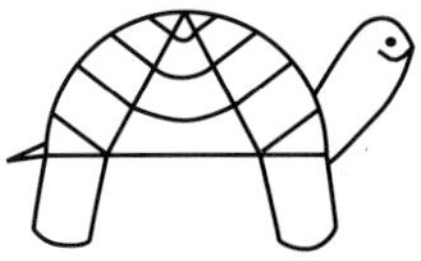

Zeichne eine Schildkröte, die sich in ihrem Panzer unter einem Busch versteckt:

# Schreibe

Erkläre, warum sich die Schildkröte versteckt:

# Zeichne und schreibe.

eine Schnecke

| | | | |
|---|---|---|---|
| kriecht | Schneckenhaus | Garten | Hof |
| Fuß | frisst | Spur | Pflanze |

Eine Schnecke lebt in meinem ______________________ .

Die Schnecke hat ein ______________________ .

Sie hinterlässt eine schleimige ______________________ .

# Zeichne eine Schnecke.

# Schreibe etwas über die Schnecke.

Wer oder was? ____________________

Tut was? ____________________

Wo? ____________________

Wann? ____________________

Warum? ____________________

Schreibe einen Satz: ____________________

____________________

____________________

# Zeichne

Zeichne drei Schnecken, die im Garten Blätter und Blumen fressen:

# Schreibe

Beschreibe, wie sich eine Schnecke fortbewegt:

# Zeichne und schreibe.

ein Frosch

| | | | |
|---|---|---|---|
| Augen | Teich | Fluss | Fliegen |
| Füße | Wasser | Käfer | Insekten |

Ein Frosch lebt am ______________________________ .

Mit seinen großen _________________ hält er Ausschau nach Futter.

Mit seiner langen Zunge fängt er ____________________________ .

# Zeichne einen Frosch.

# Schreibe etwas über den Frosch.

Wer oder was? ______________________________

Tut was? ______________________________

Wo? ______________________________

Wann? ______________________________

Warum? ______________________________

Schreibe einen Satz: ______________________________

______________________________

______________________________

# Zeichne

Zeichne einen großen und einen kleinen Frosch, die auf einem schwimmenden Stück Holz sitzen:

# Schreibe

Beschreibe, wie Frösche ihre Nahrung fangen:

# Zeichne und schreibe.

ein Elefant

| | | | |
|---|---|---|---|
| Ohren | faltig | Blätter | Wasser |
| Schwanz | Rüssel | Kopf | grau |

Die Haut des Elefanten ist ______________________ .

Ein Elefant schwingt seinen ______________ vor und zurück.

Er saugt ________________ in seinen Rüssel.

# Zeichne einen Elefanten.

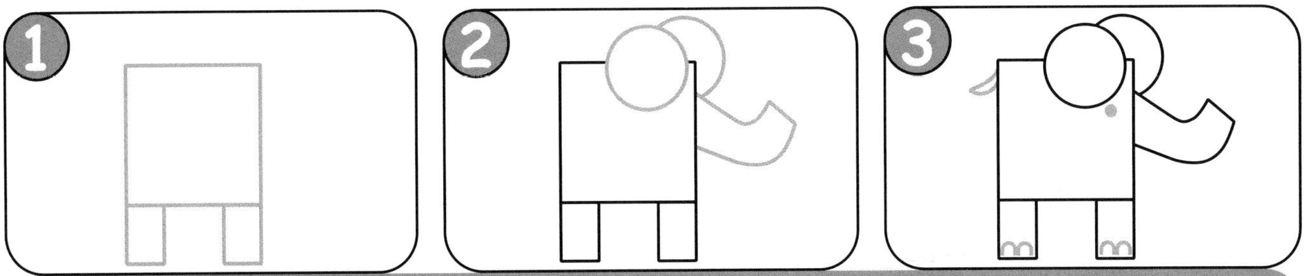

# Schreibe etwas über den Elefanten.

Wer oder was? ______________________________

Tut was? ______________________________

Wo? ______________________________

Wann? ______________________________

Warum? ______________________________

Schreibe einen Satz: ______________________________

______________________________

______________________________

# Zeichne

Zeichne einen kleinen Elefanten, der sich mit dem Rüssel am Schwanz seiner Mutter festhält:

# Schreibe

Schreibe, wozu ein Elefant seinen Rüssel gebraucht:

# Zeichne und schreibe.

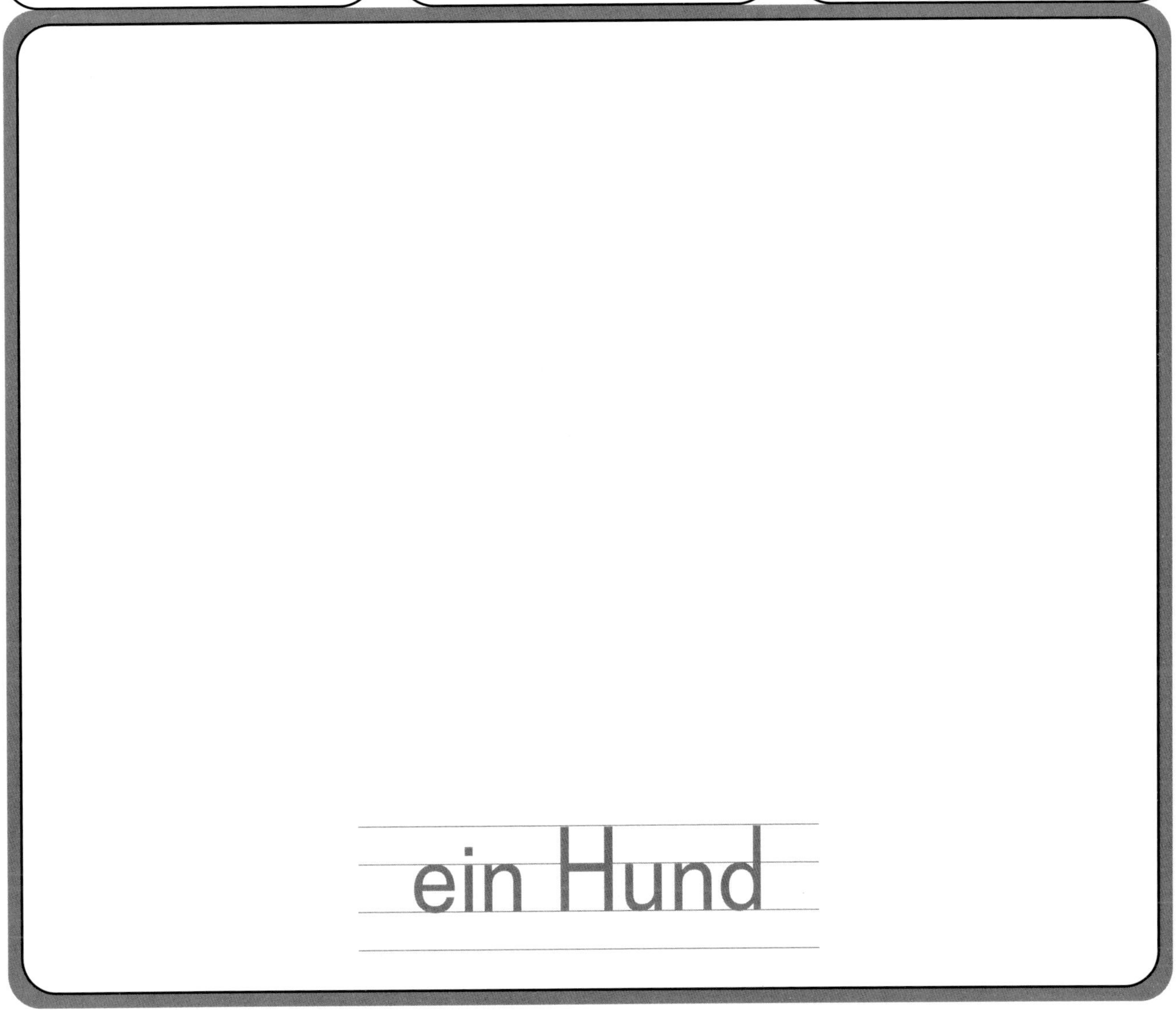


| | | | |
|---|---|---|---|
| gräbt | Spielzeug | Knochen | kaut |
| rennt | bellt | Ball | Bad |

Dieser Hund ______________________ und ______________________ .

Er will mit einem ______________________________________ spielen.

Manchmal ________________________ er Löcher im Garten.

# Zeichne einen Hund.

# Schreibe etwas über den Hund.

Wer oder was? ____________________

Tut was? ____________________

Wo? ____________________

Wann? ____________________

Warum? ____________________

Schreibe einen Satz: ____________________

# Zeichne

Zeichne einen Hund, der im Hof spielt:

# Schreibe

Schreibe auf, was ein Hund alles machen kann:

# Zeichne und schreibe.

ein Löwe

| | | | |
|---|---|---|---|
| Jäger | wild | lauert | springt |
| Mähne | Krallen | Zähne | brüllt |

Ein Löwe ist ein ______________________________ .

Er hat scharfe ___________________ und ___________________ .

Der Löwe ___________________________ auf seine Beute.

# Zeichne einen Löwen.

# Schreibe etwas über den Löwen.

Wer oder was? ______________________________

Tut was? ______________________________

Wo? ______________________________

Wann? ______________________________

Warum? ______________________________

Schreibe einen Satz: ______________________________

______________________________

______________________________

# Zeichne

Zeichne einen Löwen, der sich in hohem Gras versteckt:

# Schreibe

Schreibe, was der Löwe gleich tun wird:

# Zeichne und schreibe.

ein Lieferwagen

| | | | |
|---|---|---|---|
| Vieh | Führerhaus | füttern | transportieren |
| Anhänger | Arbeitsgeräte | befördern | Tiere |

Der Sitz des Fahrers ist im ____________________ des Lieferwagens.

Auf der Ladefläche kann er Sachen ______________________________ .

Der Fahrer kann zum Beispiel _______________________ mitnehmen.

# Zeichne einen Lieferwagen.

# Schreibe etwas über den Lieferwagen.

Wer oder was? ______________________________

Tut was? ______________________________

Wo? ______________________________

Wann? ______________________________

Warum? ______________________________

Schreibe einen Satz: ______________________________

______________________________

______________________________

# Zeichne

Zeichne einen Lieferwagen, der hinten voll beladen ist:

# Schreibe

Beschreibe, was der Lieferwagen geladen hat und wohin er fährt:

# Zeichne und schreibe.

ein Koalabär

| | | | |
|---|---|---|---|
| grau | schläft | kaut | trägt |
| pelzig | klettert | Blätter | Rinde |

Ein Koalabär ist ______________________________ .

Der Koalabär __________________ auf Ästen.

Er ________________ sein Junges auf dem Rücken.

# Zeichne einen Koalabären.

# Schreibe etwas über den Koalabären.

Wer oder was? ____________________

Tut was? ____________________

Wo? ____________________

Wann? ____________________

Warum? ____________________

Schreibe einen Satz: ____________________

____________________

____________________

# Zeichne

Zeichne einen Koalabären, der mit seinem Jungen auf dem Rücken einen Baum hochklettert:

# Schreibe

Schreibe auf, was der Koalabär im Baum tun wird:

# Zeichne und schreibe.

ein Roboter

| | | | |
|---|---|---|---|
| helfen | Maschinenmensch | Metall | sprechen |
| gehen | Spielzeug | arbeiten | Plastik |

Mein Roboter ist ein ______________________________ .

Er ist aus ____________________________________ .

Er kann ______________________________________ .

# Zeichne einen Roboter.

# Schreibe etwas über den Roboter.

Wer oder was? ______________________________

Tut was? ______________________________

Wo? ______________________________

Wann? ______________________________

Warum? ______________________________

Schreibe einen Satz: ______________________________

______________________________

______________________________

# Zeichne

Zeichne einen Roboter bei der Arbeit:

# Schreibe

Beschreibe, was dein Roboter alles machen kann:

# Zeichne und schreibe.

ein Clown

| | | | |
|---|---|---|---|
| lustig | Lachen | Schmunzeln | Saltos |
| stolpern | Kichern | Springen | Tricks |

Ein Clown ist ______________________________ .

Im Zirkus zeigt er ___________________________ .

Ein Clown bringt Leute zum __________________ .

# Zeichne einen Clown.

# Schreibe etwas über den Clown.

Wer oder was? ______________________

Tut was? ______________________

Wo? ______________________

Wann? ______________________

Warum? ______________________

Schreibe einen Satz: ______________________

______________________

______________________

# Zeichne

Zeichne einen lustigen Clown:

# Schreibe

Beschreibe, wie der Clown die Leute zum Lachen bringt:

# Zeichne und schreibe.

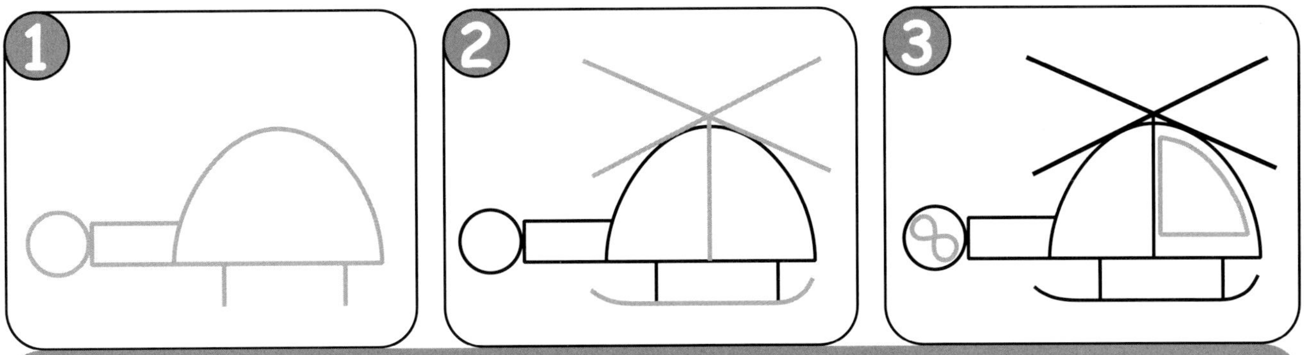


ein Hubschrauber

| | | | |
|---|---|---|---|
| Mensch | Rotor | fliegt | Lärm |
| Pilot | landet | laut | Wind |

Ein ________________ steuert einen Hubschrauber.

Der ________________ dreht sich.

Der Hubschrauber macht ____________ , wenn er ____________ .

# Zeichne einen Hubschrauber.

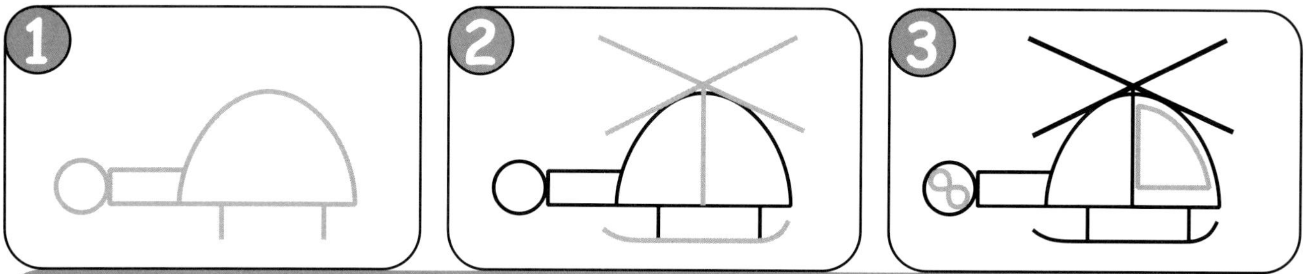


# Schreibe etwas über den Hubschrauber.

Wer oder was? ____________________

Tut was? ____________________

Wo? ____________________

Wann? ____________________

Warum? ____________________

Schreibe einen Satz: ____________________

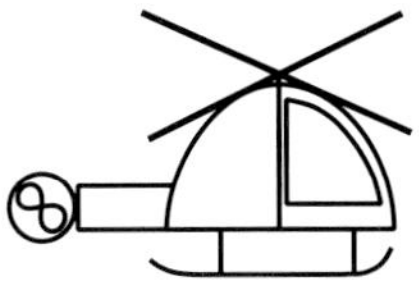

# Zeichne

Zeichne einen fliegenden Hubschrauber:

# Schreibe

Stell dir vor, du bist der Pilot. Wohin würdest du mit dem Hubschrauber fliegen? Schreibe es auf:

# Zeichne und schreibe.

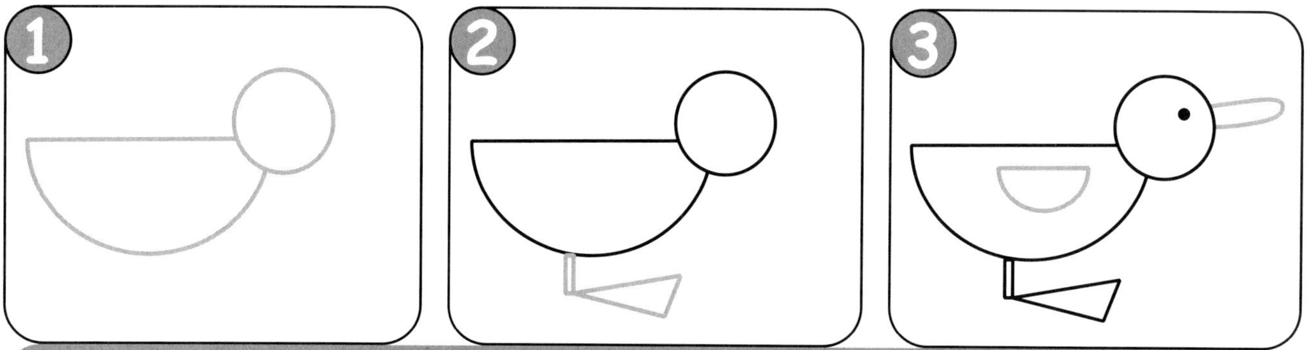


eine Ente

| | | | |
|---|---|---|---|
| Teich | Federn | Füße | schwimmen |
| Wasser | Flügel | tauchen | fliegen |

Die Ente schwimmt im ______________________________ .

Sie hat ______________________________________ .

Eine Ente kann ____________________________________ .

# Zeichne eine Ente.

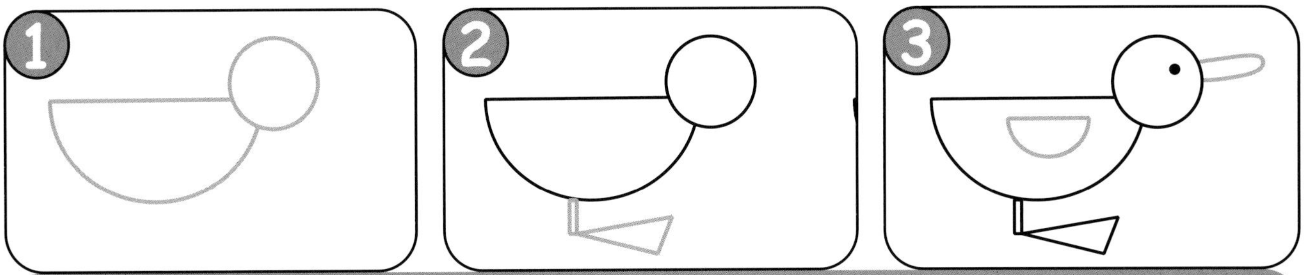


# Schreibe etwas über die Ente.

Wer oder was? ______________________________

Tut was? ______________________________

Wo? ______________________________

Wann? ______________________________

Warum? ______________________________

Schreibe einen Satz: ______________________________

______________________________

______________________________

# Zeichne

Zeichne eine Ente, hinter der drei Küken watscheln:

# Schreibe

Schreibe auf, was die Enten gleich tun werden:

# Zeichne und schreibe.

ein Flusspferd

| | | | |
|---|---|---|---|
| groß | grau | Fluss | Wasser |
| schwer | glatt | Gras | laufen |

Ein Flusspferd ist ______________________________ .

Tagsüber hält es sich im __________________ auf.

Nachts kommt es an Land, um __________________ zu fressen.

# Zeichne ein Flusspferd.

# Schreibe etwas über das Flusspferd.

Wer oder was? ______________________________

Tut was? ______________________________

Wo? ______________________________

Wann? ______________________________

Warum? ______________________________

Schreibe einen Satz: ______________________________

______________________________

______________________________

# Zeichne

Zeichne ein Flusspferd:

# Schreibe

Beschreibe, was das Flusspferd tut:

# Zeichne und schreibe.

ein Rennwagen

| | | | |
|---|---|---|---|
| rast | Fahrer | Preis | schnellste |
| Gewinner | saust | Pokal | fährt |

Ein Rennwagen ________________________ die Rennstrecke entlang.

Das ______________________________ Auto siegt.

Der _____________________ bekommt einen _____________________ .

# Zeichne einen Rennwagen.

# Schreibe etwas über den Rennwagen.

Wer oder was? ______________________

Tut was? ______________________

Wo? ______________________

Wann? ______________________

Warum? ______________________

Schreibe einen Satz: ______________________

______________________

______________________

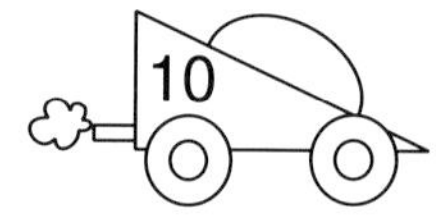


# Zeichne

Zeichne einen Rennwagen, der gerade einen anderen überholt:

# Schreibe

Beschreibe das Rennen:

# Zeichne und schreibe.

ein Hai

| | | | |
|---|---|---|---|
| Zähne | Meer | jagd | Fisch |
| Flossen | Ozean | schwimmt | Wasser |

Ein Hai ist ein ______________________ .

Er lebt im ______________________ .

Der Hai hat scharfe ______________________ .

# Zeichne einen Hai.

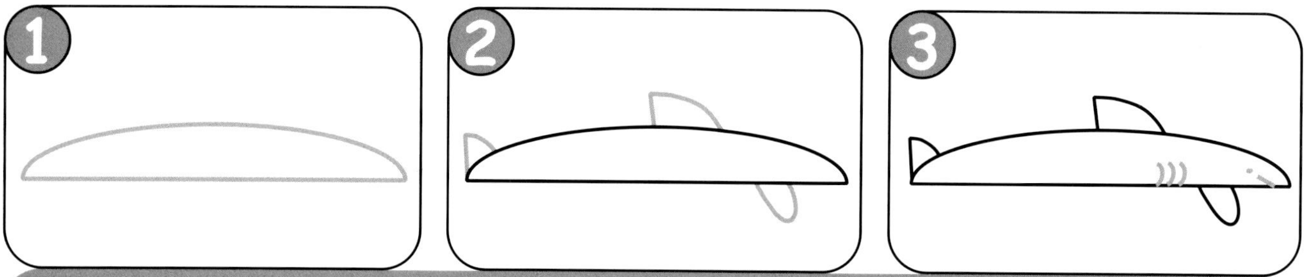

# Schreibe etwas über den Hai.

Wer oder was? ___

Tut was? ___

Wo? ___

Wann? ___

Warum? ___

Schreibe einen Satz: ___

___

___

# Zeichne

Zeichne einen großen Hai, der einen Fischschwarm verfolgt:

# Schreibe

Beschreibe, was passiert, wenn der Hai einen Fisch fängt:

# Zeichne und schreibe.

ein Hase

| | | | |
|---|---|---|---|
| wackeln | Schnurrhaare | Schwanz | springt |
| pelzig | Ohren | hüpft | läuft |

Ein Hase hat lange __________ und einen flauschigen __________ .

Ein Hase kann mit seiner Nase ____________________ .

Auf seinen kräftigen Beinen ______________________ er schnell.

# Zeichne einen Hasen.

# Schreibe etwas über den Hasen.

Wer oder was? ______________________________

Tut was? ______________________________

Wo? ______________________________

Wann? ______________________________

Warum? ______________________________

Schreibe einen Satz: ______________________________

______________________________

______________________________

# Zeichne

Zeichne einen braunen Hasen, der über eine grüne Wiese hoppelt:

# Schreibe

Stell dir vor, dein Freund oder deine Freundin hätte noch nie einen Hasen gesehen. Beschreibe, wie ein Hase aussieht:

# Zeichne und schreibe.

ein Bär

| | | | |
|---|---|---|---|
| groß | wild | jagd | Winterschlaf |
| stark | pelzig | fischt | schläft |

Ein Bär ist ______________________________ .

Er _______________ und _______________ sein Futter.

Im Winter hält er einen ______________________________ .

# Zeichne einen Bären.

# Schreibe etwas über den Bären.

Wer oder was? ______________________________

Tut was? ______________________________

Wo? ______________________________

Wann? ______________________________

Warum? ______________________________

Schreibe einen Satz: ______________________________

______________________________

______________________________

# Zeichne

Zeichne einen Bären am Ufer eines Flusses voller Fische:

# Schreibe

Schreibe auf, wie sich der Bär sein Abendessen im Fluss holen wird:

# Zeichne und schreibe.

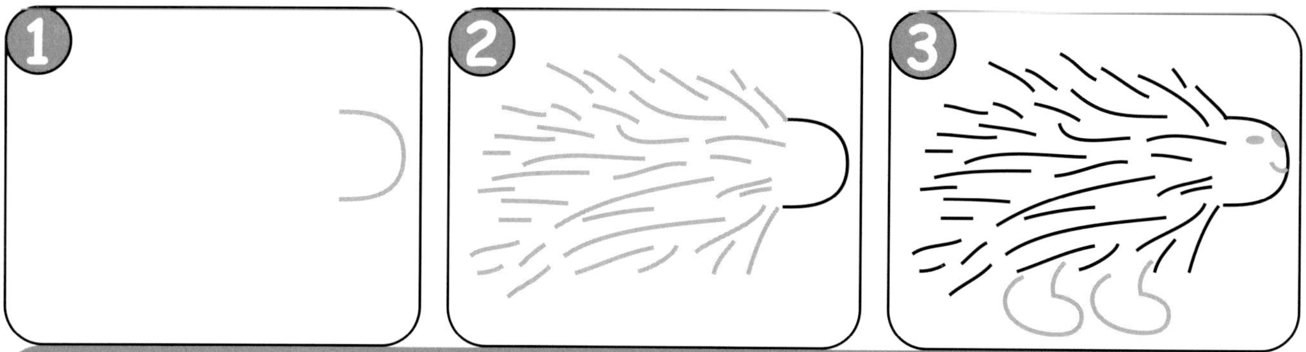


ein Stachelschwein

| | | | |
|---|---|---|---|
| Stacheln | lang | kommen | Früchte |
| Schwanz | spitz | Wurzeln | Samen |

Ein Stachelschwein hat viele ______________________________.

Stachelschweine ______________ in der Dämmerung aus ihrem Bau, um Futter zu suchen.

Stachelschweine essen ______________________________________.

# Zeichne ein Stachelschwein.

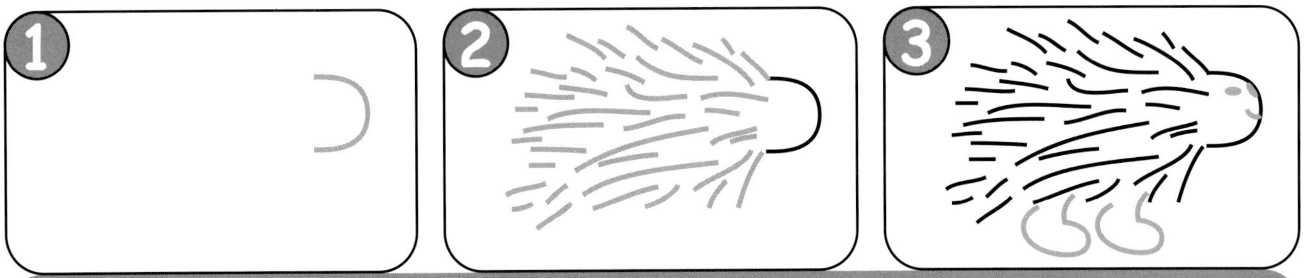


# Schreibe etwas über das Stachelschwein.

Wer oder was? ____________________

Tut was? ____________________

Wo? ____________________

Wann? ____________________

Warum? ____________________

Schreibe einen Satz: ____________________

____________________

____________________

# Zeichne

Zeichne ein Stachelschwein und einen Hund. Zeige dabei, wie der Hund aussieht, nachdem er das Stachelschwein mit der Pfote berührt hat:

# Schreibe

Schreibe eine kurze Geschichte zu dem Bild:

# Zeichne und schreibe.

ein Affe

| | | | |
|---|---|---|---|
| Schwanz | klettern | schaukeln | Urwald |
| Hände | Füße | springen | Zoo |

Dieser Affe lebt im ________________________________ .

Er benutzt ________ und ________ , um sich auf Bäumen zu bewegen.

Ein Affe kann ________________________________________ .

# Zeichne einen Affen.

# Schreibe etwas über den Affen.

Wer oder was? ______________________________

Tut was? ______________________________

Wo? ______________________________

Wann? ______________________________

Warum? ______________________________

Schreibe einen Satz: ______________________________

______________________________

______________________________

# Zeichne

Zeichne einen Affen, der in einem Baum sitzt:

# Schreibe

Schreibe auf, was der Affe gerade macht:

# Zeichne und schreibe.

eine Katze

| | | | |
|---|---|---|---|
| klein | spielt | schnurrt | weich |
| pelzig | klettert | läuft | springt |

Eine Katze ist ______________________________ .

Sie ____________________________________ auf einen Baum.

Eine Katze ____________________ , wenn sie zufrieden ist.

# Zeichne eine Katze.

# Schreibe etwas über die Katze.

Wer oder was? ______________________

Tut was? ______________________

Wo? ______________________

Wann? ______________________

Warum? ______________________

Schreibe einen Satz: ______________________

# Zeichne

Zeichne eine Katze, die hinter einem Schmetterling herjagd:

# Schreibe

Beschreibe, wie sich die Katze bei dieser Jagd bewegt:

# Zeichne und schreibe.

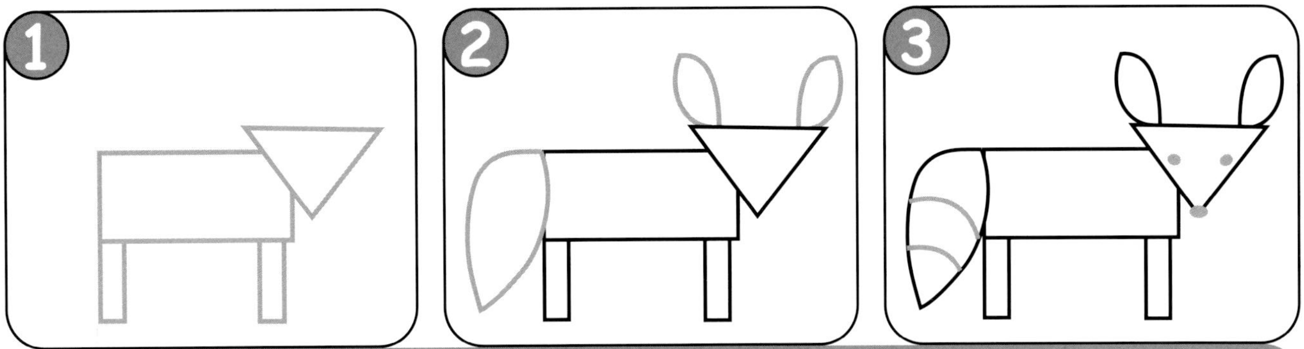


ein Fuchs

| | | | |
|---|---|---|---|
| Schwanz | Jagd | Fuchsbau | jagt |
| Ohren | fängt | Loch | buschig |

Der Fuchs hat einen langen ______________ und große ____________ .

Er ________________________________ kleine Tiere, um sie zu fressen.

Er lebt in einem ________________________________________ in der Erde.

# Zeichne einen Fuchs.

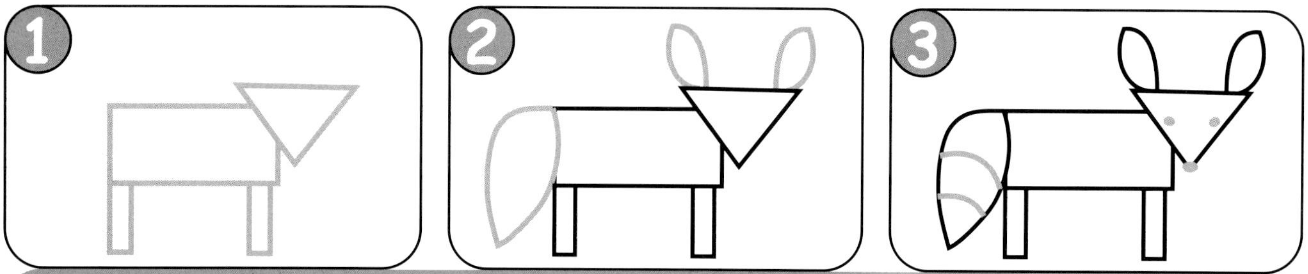


# Schreibe etwas über den Fuchs.

Wer oder was? ______________________________

Tut was? ______________________________

Wo? ______________________________

Wann? ______________________________

Warum? ______________________________

Schreibe einen Satz: ______________________________

______________________________

______________________________

# Zeichne

Zeichne einen Fuchs im Wald:

# Schreibe

Wohin geht der Fuchs? Schreibe es auf:

# Zeichne und schreibe.

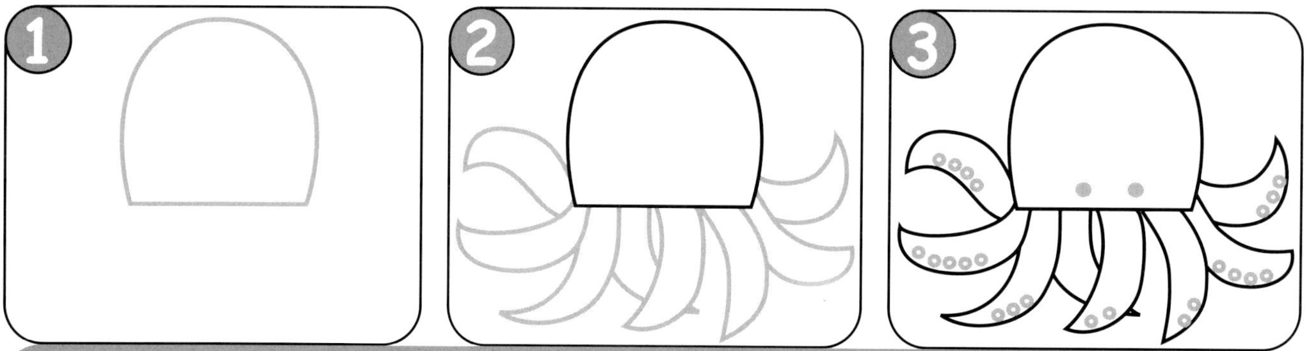


ein Oktopus

| | | | |
|---|---|---|---|
| weich | Fangarme | Meer | Felsen |
| Farbe | Ozean | Tentakeln | Wasser |

Ein Oktopus lebt im ______________________ .

An seinem Körper sind acht ______________________ .

Ein Oktopus kann seine ______________________ wechseln.

# Zeichne einen Oktopus.

## Schreibe etwas über den Oktopus.

Wer oder was? ______________________

Tut was? ______________________

Wo? ______________________

Wann? ______________________

Warum? ______________________

Schreibe einen Satz: ______________________

______________________

______________________

# Zeichne

Zeichne einen Oktopus der sich hinter einem Felsen versteckt.
Zeichne dich als Taucher in der Nähe des Oktopus:

# Schreibe

Schreibe auf, was du tun würdest, wenn dir beim Tauchen ein Oktopus begegnet:

# Zeichne und schreibe.

ein Fisch

| | | | |
|---|---|---|---|
| Schuppen | winzig | bunt | Haustier |
| Flossen | Fischglas | Aquarium | golden |

Dies ist mein ______________________________ .

Der Fisch hat ____________________ und ____________________ .

Er ist ____________________ und ____________________ .

# Zeichne einen Fisch.

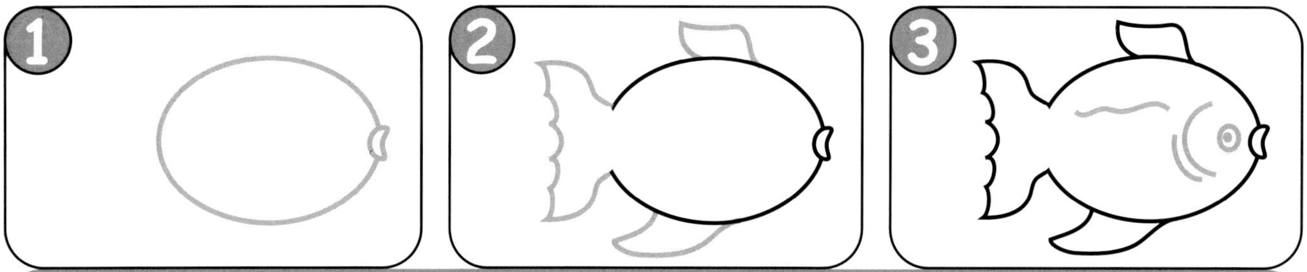


# Schreibe etwas über den Fisch.

Wer oder was? ______________________________

Tut was? ______________________________

Wo? ______________________________

Wann? ______________________________

Warum? ______________________________

Schreibe einen Satz: ______________________________

______________________________

______________________________

# Zeichne

Zeichne zwei verschiedene Fisch in einem Aquarium.
Zeichne auch das Wasser, die Pflanzen und eine Schnecke:

# Schreibe

Beschreibe die Ähnlichkeiten und Unterschiede der Fische:

# Zeichne und schreibe.

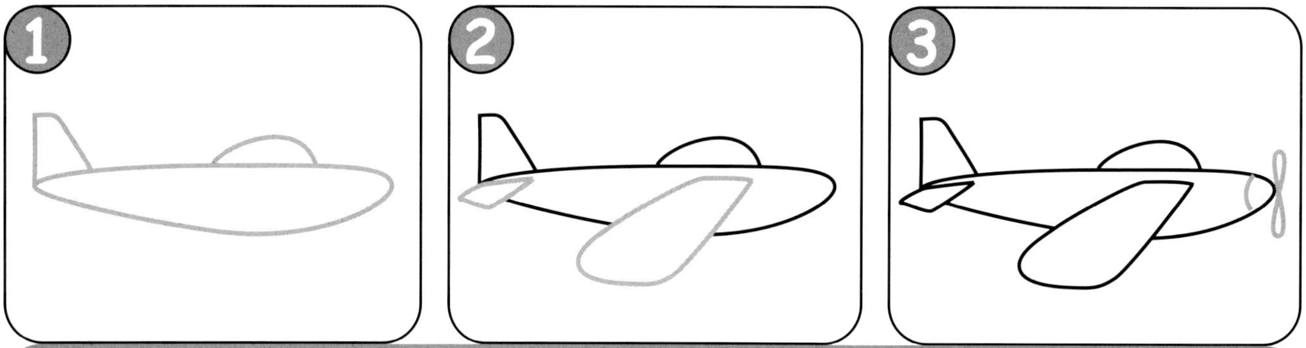

ein Flugzeug

| | | | |
|---|---|---|---|
| Pilot | Passagiere | Start | Motoren |
| Leute | Reisende | Flug | Kapitän |

Das Flugzeug ist bereit für den ______________________________ .

Viele ______________________________ steigen ein.

Der ___________ lässt die ___________ an und das Flugzeug hebt ab.

# Zeichne ein Flugzeug.

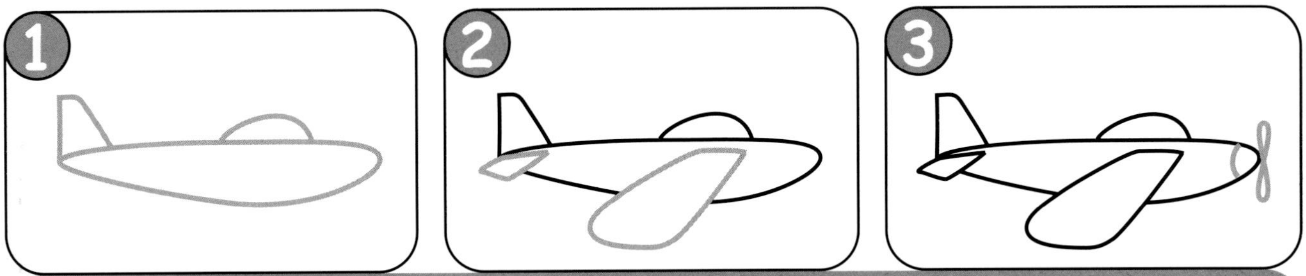

# Schreibe etwas über das Flugzeug.

Wer oder was? ______________________

Tut was? ______________________

Wo? ______________________

Wann? ______________________

Warum? ______________________

Schreibe einen Satz: ______________________

______________________

______________________

# Zeichne

Zeichne das Flugzeug auf seinem Flug über den Wolken:

# Schreibe

Schreibe auf, wohin du mit dem Flugzeug gern reisen möchtest:

# Zeichne und schreibe.

ein Drache

| | | | |
|---|---|---|---|
| Schuppen | gefährlich | Feuer | fliegen |
| Flügel | freundlich | Schwanz | unheimlich |

Ein Drachen hat ________________ und ________________ .

Dieser Drachen ist ________________________ .

Er kann ______________________ speien.

# Zeichne einen Drachen.

# Schreibe etwas über den Drachen.

Wer oder was? ______________________________

Tut was? ______________________________

Wo? ______________________________

Wann? ______________________________

Warum? ______________________________

Schreibe einen Satz: ______________________________

# Zeichne

Zeichne einen zornigen Drachen, der Feuer speit:

# Schreibe

Schreibe auf, was du bei einer Begegnung mit diesem Drachen tun würdest:

# Zeichne und schreibe.

ein Kind

| | | | | |
|---|---|---|---|---|
| Junge | klein | lustig | singen | spielen |
| Mädchen | groß | gescheit | tanzen | lernen |

Dieses Kind ist ein ______________________ .

Das Kind ist ____________________ und ____________________ .

Es kann __________________________ .

# Zeichne ein Kind.

# Schreibe etwas über das Kind.

Wer oder was? ______________________

Tut was? ______________________

Wo? ______________________

Wann? ______________________

Warum? ______________________

Schreibe einen Satz: ______________________

______________________

______________________

# Zeichne

Zeichne dich bei deiner Lieblingsbeschäftigung:

# Schreibe

Schreibe etwas über deine Lieblingsbeschäftigung:

# Zeichne und schreibe.

eine Burg

| | | | |
|---|---|---|---|
| Turm | Burggraben | König | Ritter |
| Brücke | Königin | Soldaten | Diener |

Diese Burg hat einen ______________ und eine ______________ .

Ein ______________ und eine ______________ leben hier.

______________________________ beschützen die Burg.

# Zeichne eine Burg.

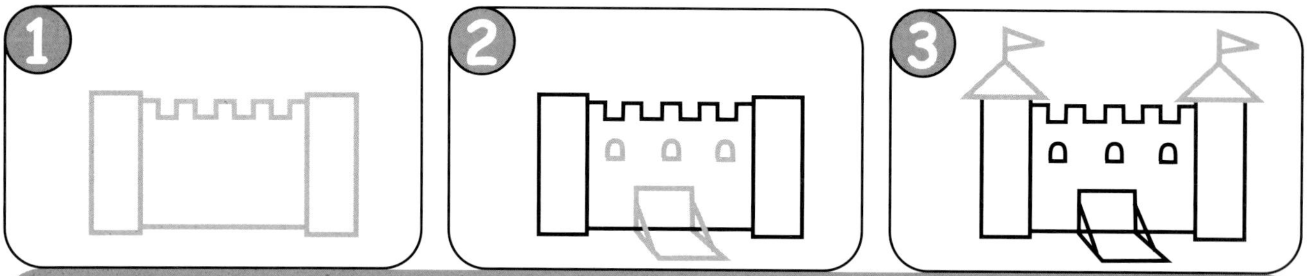


# Schreibe etwas über die Burg.

Wer oder was? ______________________________

Tut was? ______________________________

Wo? ______________________________

Wann? ______________________________

Warum? ______________________________

Schreibe einen Satz: ______________________________

______________________________

______________________________

# Zeichne

Zeichne eine Burg. Zeichne auch den König und die Königin, die die Burg gerade betreten:

# Schreibe

Beschreibe, wie das Leben in der Burg aussehen könnte: